A ROME !

GUIDE DU PÈLERIN A ROME

PAR PAULINE DE T...

GUIDE DU PÈLERIN

A ROME !

GUIDE

DU

PÈLERIN CATHOLIQUE

A ROME

Par Mademoiselle Pauline de T...

BERGERAC

Imprimerie Générale (Emile Maury),

3, rue Saint-Esprit.

1888

GUIDE

DU

PÈLERIN CATHOLIQUE

A ROME

TABLE

DES DIFFÉRENTES HEURES DE L'ANGELUS DU SOIR

Du 1er	janvier	au 14	janvier	à 5 h. 15
14	—	27	—	5 h. 30
27	—	9	février	5 h. 45
9	février	22	—	6 h.
22	—	7	mars	6 h. 15
7	mars	20	—	6 h. 30
20	—	2	avril	6 h. 45

Du 2	avril	au 15	avril	à 7 h.
15	—	28	—	7 h. 15
28	—	11	mai	7 h. 30
11	mai	24	—	7 h. 45
24	—	11	juin	8 h.
11	juin	15	juillet	8 h. 15
15	juillet	1er	août	8 h.
1er	août	11	—	7 h. 45
11	—	22	—	7 h. 30
22	—	31	—	7 h, 15
31	—	8	septembre	7 h.
8	septembre	16	—	6 h. 45
16	—	24	—	6 h. 30
24	—	4	octobre	6 h. 15
4	octobre	13	—	6 h.
13	—	22	—	5 h. 45
22	—	4	novembre	5 h. 30
4	novembre	20	—	5 h. 15
20	—	28	décembre	5 h.
28	décembre	1er	janvier	5 h. 15

INTRODUCTION

Le Guide que nous présentons au public n'a qu'un but, celui de signaler au pèlerin, les lieux que les saints ont aimés, qu'ils ont sanctifiés par leur présence, et où ils dorment leur dernier sommeil. Ceux qui voudraient étudier Rome sous d'autres aspects, au point de vue de l'antiquité, de la poésie, de l'art ou de l'histoire, ne trouveront ici que des notions très incomplètes, et nous tenons à les prévenir tout d'abord.

Rome, de siècle en siècle, a été le rendez-vous des héros de la sainteté. Là, vint Augustin, dans la ferveur de sa conversion; — là, Monique versa des larmes de joie; — c'est là que saint Benoît a médité, que saint François rencontra saint Dominique; — c'est là que saint Ignace fonda la première maison de sa Compagnie, et, à partir de cette époque, c'est là qu'il a vécu et qu'il est mort.

Ces rues ont vu passer saint Philippe de Néri, dans sa joyeuse allégresse, ainsi que les trois bienheureux, Louis, Berchmans et Stanislas.

Un peu plus loin reposent les douces Saintes, Agnès et Cécile, et les innombrables martyrs qui ont arrosé de leur sang la Ville Éternelle. Ici enfin sont les inestimables Reliques dont la sainte Impératrice Hélène a enrichi Rome.

Afin de faciliter le pèlerinage de ceux qui n'ont que peu de temps à donner à la Ville Sainte, nous avons disposé en cercles les églises et les autres objets dignes d'intérêt. Nous supposons que le point de départ est la Piazza di Spagna.

GUIDE DU PÈLERIN

L'AVE MARIA, OU ANGELUS

A Rome, le temps est réglé par l'*Ave Maria*, c'est-à-dire par la cloche de l'Angelus. Le matin, l'angelus n'a pas d'heure déterminée. On le sonne avant la première messe, dans les églises, et un peu plus tôt dans les couvents. A midi, un coup de canon parti du Château Saint-Ange donne le signal, et les cloches des églises et des monastères y répondent.

Mais le plus important des trois Ave

est celui du soir, qu'on sonne au coucher du soleil et qui, en conséquence, n'a pas d'heure fixe. Nous donnons, page 1, une table des différentes heures selon les saisons de l'année. L'Angelus du soir règle beaucoup d'usages dans la ville sainte.

Les églises, à peu d'exceptions près, se ferment généralement à midi (quelquefois même plus tôt) et ne se rouvrent que deux ou trois heures avant l'Angelus. Les sermons, bénédictions, neuvaines, etc., sont annoncés une heure ou deux avant l'Ave Maria, selon le cas.

On considère comme très malsain de sortir pendant l'heure qui suit immédiatement l'Angelus, à cause du rapide changement qui s'opère dans la température à ce moment. Les églises et les couvents sont fermés à partir de l'Angelus.

CÉRÉMONIES

Les magnifiques et imposantes cérémonies pendant lesquelles le Saint-Père officiait, n'ont plus lieu aujourd'hui, par suite de l'occupation piémontaise. Beaucoup d'autres cérémonies, telles que les processions à l'extérieur, et autres semblables, sont supprimées. Plusieurs églises ont été détruites par le gouvernement actuel, un grand nombre de couvents et de monastères sont livrés à l'usage séculier, et Rome est tristement défigurée. Les plus belles cérémonies sont celles de Saint-Pierre et de Saint-Jean-de-Latran.

SEMAINE SAINTE. — L'OFFICE DE TÉNÈBRES

Cette cérémonie est splendide à Saint-Pierre et à Saint-Jean. On la célèbre aussi d'une manière remarquable au Gesù et à Saint-Appollinaire.

Jeudi Saint. — Presque toutes les églises de Rome sont ouvertes durant tout le jour.

Sépulcres. — Les plus admirables sont ceux de Saint-Pierre, du Gesù, du Sudario, de la Minerve, et il y en a beaucoup d'autres.

Lavement des pieds. — On peut y assister dans l'église de Saint-Appollinaire.

PÉNITENCIERS & CONFESSEURS

On donne ce nom à certains prêtres appartenant à des Ordres religieux, établis à Saint-Pierre, à Saint-Jean-de-Latran et à Sainte-Marie-Majeure, pour entendre les confessions, et principalement pour absoudre des cas réservés au Pape. Tandis qu'ils sont assis dans leurs confessionnaux, ils tiennent une longue baguette entre leurs mains. Il est de tradition pieuse de s'agenouiller pour être touché par cette baguette; quarante jours d'indulgence sont attachés à cet acte d'humilité.

A Saint-Pierre, on entend les confessions en dix langues différentes. On trouve aussi des confesseurs en langues diverses au Collège Anglais, à la Minerve, à Saint-Marcel, à Saint-André delle Fratte, à Sainte-Marie-de-Lorette, à Saint-Isidore, aux Dominicains d'Irlande, aux Augustins d'Irlande, et chez les Rédemptoristes.

PERMISSIONS

Une permission est nécessaire pour visiter la crypte de Saint-Pierre, pour monter jusqu'à la Coupole, pour voir les grandes reliques de Santa Croce, et les Chaînes de Saint Pierre.

DESCRIPTION DES ÉGLISES

ET DES OBJETS D'INTÉRÊT

POUR LE PÈLERIN

LES SEPT GRANDES BASILIQUES

I

Saint-Pierre

La plus grande église du monde. Elle est construite au lieu où saint Pierre, ayant souffert le martyre sous Néron, fut enseveli par ses disciples dans une des grottes que les chrétiens nommaient cimetière du Vatican. Saint Anaclet, quatrième successeur de saint Pierre, et martyr comme lui, n'érigea primitivement qu'un oratoire, semblable à celui qu'il fit élever à la place où fut enseveli saint Paul, sur le chemin d'Ostie. Constantin visita l'oratoire en

324. Dépouillé de son diadème et des insignes impériaux, il se prosterna en répandant des larmes, et, ayant marqué les fondements de la basilique qu'il voulait élever sur ce sol sanctifié, il transporta sur ses épaules douze charges de terre en l'honneur des douze Apôtres. La magnifique basilique fut consacrée à saint Sylvestre. Ruinée par le temps et par les guerres, les Papes la remplacèrent par la basilique actuelle, œuvre immense d'une longue suite de pontifes, terminée par Sixte-Quint. La place elliptique de Saint-Pierre est le chef-d'œuvre de Bernin ; la galerie est composée de quatre rangs de colonnes, formant trois allées où plusieurs voitures peuvent passer de front. 192 statues de saints couronnent l'entablement ; un obélisque superbe décore le milieu de la place, et, de chaque côté, une fontaine monumentale lance à vingt pieds de haut des

jets d'eau semblables à des torrents. La coupole n'est dépassée en élévation que par les flèches de Rouen et de Strasbourg, et par les pyramides d'Egypte. 748 colonnes décorent l'édifice ; 11 de ces colonnes proviennent du temple de Jérusalem. Huit d'entre elles sont sous la coupole, deux dans la chapelle du saint Sacrement, et celle contre laquelle N. S. s'est appuyé tandis qu'il enseignait dans le temple, se trouve dans la chapelle de la Pieta, ou de Notre-Dame des sept douleurs.

Saint-Pierre ne renferme pas moins de 389 statues. La plus vénérée est celle qui représente saint Pierre assis, et qui remonte, dit-on, au 4e siècle. La chaire en bois du Prince des apôtres est enfermée dans une chaire de bronze, trône monumental de ses successeurs.

L'autel Papal est vis-à-vis de la porte. Le Pape ne se retourne pas en disant la messe et se trouve toujours en face de l'assemblée. Le baldaquin qui surmonte l'autel est formé avec des colonnes provenant de l'ancien Panthéon. Au-dessous de l'autel se trouve la confession de saint Pierre, où brillent 142 lampes constamment allumées. On nomme Confession la crypte où sont déposés les restes d'un confesseur de la foi. En est-il de plus vénérable au monde que celle où reposent vingt-quatre papes canonisés, et bien d'autres saints et martyrs ?

Les grandes reliques qu'on y vénère sont : Une partie de la lance qui a percé le Sacré-Cœur, le voile de sainte Véronique, et une portion considérable de la vraie Croix.

Ces grandes reliques ne sont exposées qu'un très court espace de temps, dans la galerie de sainte Véronique, aux fêtes suivantes : le second dimanche après l'Épiphanie, le mercredi saint, le jeudi saint et le vendredi saint après

Ténèbres, le samedi saint après la Messe, le jour de Pâques, après la Messe, le lundi de Pâques, avant et après les vêpres, le 3 mai (jour de l'Invention de la sainte Croix) après la Messe et les Vêpres, le lundi *in albis*, et le 18 novembre, (chaire de saint Pierre) après la Messe et les Vêpres.

Saint-Pierre renferme une quantité innombrable d'autres reliques, qui sont exposées à certains jours, et dont une exposition générale a lieu le lundi de Pâques.

Autrefois, le jour de Pâques, le Saint-Père bénissait solennellement « la ville et le monde entier » debout sur le balcon qui fait face à Saint-Pierre. Cette magnifique cérémonie n'a plus lieu depuis que Sa Sainteté est captive au Vatican.

II

Saint-Jean de Latran

Cette basilique, don de l'Empereur

Constantin au Pape Sylvestre Ier, est dédiée à saint Jean-Baptiste et à saint Jean l'évangéliste. C'est la cathédrale de Rome, et par conséquent « la mère et la maîtresse de toutes les églises. » On y admire une statue colossale de Constantin, et des colonnes de bronze doré, provenant du temple de Jupiter Capitolin. On y voit aussi de belles mosaïques et des tableaux des plus grands maîtres modermes. Cloître remarquable de XIIIe siècle. Le principal trésor de Saint-Jean-de-Latran est la sainte Table de la dernière Cène. Cette relique est conservée au-dessus de l'autel du Saint-Sacrement ; on l'expose le jeudi saint, et le 21 décembre, fête de saint Thomas. Saint-Jean-de-Latran possède encore les têtes de saint Pierre et de saint Paul, qui sont offertes à la vénération des fidèles les jours de grande fête, et une quantité de reliques de grand prix, exposées le jour

Pâques. L'autel de bois sur lequel saint Pierre a dit la messe, est exposé le 9 novembre.

III

Sainte-Croix-de-Jérusalem

Cette basilique, érigée sur l'emplacement des jardins d'Héliogabale par sainte-Hélène, possède les reliques suivantes :

Une portion considérable de la vraie Croix.

Deux épines de la couronne d'épines.

Un des saints Clous.

L'inscription de la Croix.

Le doigt de saint Thomas qui a touché le côté de N.-S.

Un morceau de la croix de saint Dismas.

Ces reliques (les deux dernières exceptées) sont exposées le quatrième dimanche de Carême, le Vendredi saint et le 3 Mai.

On peut les voir dans la Chapelle des

Reliques, avec l'autorisation du Cardinal Vicaire, qu'on obtient aisément, Piazza Sant-Agostino.

IV

Sainte-Marie-Majeure

Entre les églises dédiées à Notre-Dame, celle-ci est la plus grande du monde. Elle est consacrée à Notre-Dame-des-Neiges, en mémoire d'une pluie de neige qui tomba sur l'emplacement de la Basilique, le 5 août 363, pour montrer la volonté de Notre-Dame de posséder en ce lieu une église dédiée à son honneur.

Elle renferme quarante-quatre colonnes ioniques du temple de Junon. Cette église a été l'objet de la prédilection spéciale des Souverains-Pontifes; aussi, sa magnificence est-elle au-dessus de toute description. Saint Sixte III la fit beaucoup embellir à l'occasion du Concile œcuménique d'Éphèse, où fut condamné Nestorius, l'impie détracteur de la Très-Saint-Vierge. Il l'orna d'un grand nombre de mosaïques représentant divers traits de l'Ancien-Testament et de la vie de la Sainte-Mère de Dieu, couvrit de lames d'argent le maître-autel et fit présent d'une quantité de vases de prix. Après ce Pontife, Symmaque, Grégoire III, Adrien Ier, Léon III, Pascal Ier, ont témoigné leur dévotion par la richesse de leurs offrandes. Nicolas IV a fait faire la magnifique tribune en mosaïque que l'on y admire : Clément VIII, Paul V, Sixte-Quint, Benoît XIV, Léon XII, y ont prodigué les marbres, les riches métaux travaillés par les plus habiles artistes.

Sainte-Marie-Majeure a deux façades ; devant la principale s'élève la statue de la Sainte-Vierge tenant l'Enfant Jésus, placée sur une colonne de marbre blanc de 70 pieds de hauteur, la seule qui reste de l'ancien temple de la Paix, chef-d'œuvre de grâce, d'élégance et de beauté, probablement unique au monde. L'autre façade est décorée d'un obélisque dû à Sixte-Quint.

Sainte-Marie-Majeure renferme de précieuses reliques : quelques-unes des pierres qui formaient le berceau de l'Enfant-Dieu dans l'étable de Bethléem, les linges dont il fut enveloppé, la Culla faite des mains de saint Joseph, laquelle est portée en procession durant la sainte nuit de Noël, et exposée à la vénération des fidèles tout le jour suivant. Le corps de saint Mathias repose dans la Confession; et celui du Pape saint Pie V est dans sa chapelle. Dans la chapelle de la Vierge, appelée aussi « Chapelle Borghèse », parce qu'elle a été bâtie par la famille princière de ce nom, on vénère un portrait de Notre-Dame attribué à saint Luc.

V

Saint-Paul hors-les-Murs

L'ancienne basilique, bâtie en 386, restaurée et agrandie par divers Papes, fut en grande partie brûlée en 1823. La Confession, les chapelles du Saint-Sacrement et du Crucifix, furent seules épargnées. Elle a été rebâtie avec beaucoup de magnificence par les derniers Papes, principalement par Pie IX qui fit appel au monde catholique. Aussi, est-ce une merveille de grandeur et de beauté. Elle contient le corps de saint Paul, ainsi que celui de saint Timothée, et les chaînes de saint Paul. Dans la chapelle du Crucifix, on peut voir le crucifix devant lequel sainte Brigitte de Suède pria si souvent, et qui lui parlait. Dans celle du Saint-Sacrement, saint Ignace prononça ses derniers vœux. Une tablette est placée dans le mur en commémoration de ce fait. Quantité de reliques précieuses à la sacristie.

VI

Saint-Laurent-hors-les-murs

Cette basilique contient le corps de saint Laurent, de saint Étienne, et de beaucoup d'autres saints. C'est là aussi que reposent les restes de notre bien-aimé pontife Pie IX. Le cimetière de Saint-Laurent, un des principaux cimetières romains, est adjacent.

VIII

Saint-Sébastien-hors-les-murs

La basilique contient le corps de saint Sébastien, et une magnifique statue de marbre représente le saint, percé de flèches. Cette église renferme une autre relique de grand prix : une pierre qui a gardé l'empreinte du pied de N.-S. tandis qu'il parlait à saint Pierre à l'endroit appelé : *Domine quo vadis*.

ADORATION

L'adoration perpétuelle du saint Sacrement a lieu successivement dans chacune des églises qui possèdent la dévotion des Quarante-Heures. De plus, elle est établie dans l'église de San-Claudio, près le Corso, dans le couvent de Marie-Réparatrice, 17, via degli artisti, et dans le couvent des Sacramentines, via del Quirinale.

MONUMENTS RELIGIEUX

Sainte-Agnès. — Sur la Piazza Nadona, bâtie sur l'emplacement où sainte Agnès a souffert la prison et le martyre. Le lieu occupé par sa prison se trouve compris dans la crypte.

Sainte-Agnès. — A un mille environ

de la Porta Pia. Le corps de la sainte est sous le maître-autel.

Saint-Alexis. — Sur le mont Aventin. Le corps du saint est sous l'autel, et l'église renferme l'escalier sous lequel il vécut dans la maison de son père, comme un mendiant inconnu, ainsi que la source où il allait puiser de l'eau.

Saint-Louis. — Sa tombe est dans l'église de Saint-Ignace; tout auprès sont les chambres qui furent témoins de ses vœux et de son dernier soupir. Ces appartements sont au sommet du Collège Romain, au dernier étage d'un interminable escalier. — S'adresser à la sacristie.

Collège américain.—Via dell'Umilta.

Couvent américain (Franciscains.) — 12, via Alfieri, Piazza Dante.

Saint-André-delle-Fratte. — Via di Propaganda. C'est là que, le 20 janvier 1842, un Juif, nommé Alphonse Ratisbonne, fut soudainement converti à la foi catholique, par une apparition de la Bienheureuse Vierge.

Saint-André. — Via del Quirinale. Cette église renferme le tombeau de saint Stanislas. Tout auprès sont les appartements où le saint est mort. — Pour les renseignements, s'adresser à la sacristie.

Saint-André-des-Écossais. — C'est l'église attachée au Collège Écossais. Via quattro Fontane.

Saint-André-della-Valle. — Elle contient les chaînes de saint Sébastien, et montre au pèlerin une crèche magnifique, durant l'octave de l'Épiphanie.

Château Saint-Ange. — Autrefois mausolée d'Adrien. Achevé en 140. La statue colossale d'Adrien couronnait l'édifice; elle fut brisée; mais la tête de l'empereur, retrouvée heureusement, est une des curiosités du Vatican. Il fut dédié, en 590, à l'archange saint

Michel, en mémoire d'une apparition miraculeuse de l'archange qui annonçait la fin d'une peste effroyable. C'est l'origine du *Regina cœli* que l'Église a complété en ajoutant ces mots : *Ora pronobis Deum*.

La forteresse occupée par une garnison nombreuse, est en relation avec le palais des Papes par une longue galerie construite en 1459 ; c'est la forteresse la plus importante de Rome. D'admirables statues décoraient l'entablement du mausolée ; au XVe siècle les Grecs les précipitèrent sur l'armée de Vitigès qui les assiégeait. Le soubassement de l'édifice est massif. On arrive à cheval jusqu'à la première plate-forme. Ce fut l'asile de Clément VII, attaqué en 1527 par les bandes du connétable de Bourbon. C'est maintenant une prison.

Les Saints Apôtres. — Tout près de la via Nazionale. — L'église contient les corps de saint Philippe et de saint Jacques-le-Mineur.

Apostolat de la Prière. — L'église de Saint Charles à Catinari, Piazza San Carlo à Catinari est le centre de l'apostolat de la prière à Rome. Exposition du Très Saint Sacrement, le premier vendredi de chaque mois, dans cette église ainsi que dans celle de Trinita dei Monti. On peut s'inscrire, soit à la Trinita soit au couvent Anglais, via San Sébastiano.

Saint Augustin. — Piazza San Agostino, près la Piazza Navona. Le corps de sainte Monique, mère du saint, est dans cette église, ainsi qu'une image de Notre-Dame de consolation, grandement vénérée à Rome.

Bambino Santo. — C'est une figure du Saint Enfant Jésus, sculptée en bois d'olivier de la Terre-Sainte, et qui date de plusieurs siècles. Cette image considérée comme miraculeuse, est reconverte de pierres précieuses offertes en actions de grâces des faveurs obtenues. On la conserve dans une chapelle latérale de l'église de l'Ara-Cœli. — S'adresser à la sacristie.

Saint-Barthélemy.—L'église de Saint-Barthélemy contient le corps du saint et les instruments de son martyre.

Saint-Benoit-in-Piscinula. — Via in Piscinula. C'est l'endroit où le saint a vécu.

Saint Benoit Joseph Labre. — Son corps repose dans l'église de Santa-Maria-de-Monti. La chambre où il est mort est située dans la rue voisine, via dei Serpenti. Son oratoire se trouve via dei Crocifieri, numéro 20, au premier étage et contient de précieuses reliques du saint.

Bienheureux Jean Berchmans. — Sa tombe est dans l'église Saint-Ignace. Ses appartements touchent ceux de Saint Louis.

Saint-Bonaventure. — Sur le mont Palatin. — Dans cette église repose le corps intact de saint Léonard de Port-Maurice.

Sainte Brigitte de Suède. — Eglise de la Piazza Farnèse, près du collège anglais. La Chambre où la sainte mourut en entendant la messe est attenante à l'église.

Saint Camille de Lellis. — Son corps repose dans l'église de Sainte-Marie-Madeleine, Piazza della Maddalina. Les chambres où il vécut et mourut sont attenantes à l'église.

Catacombes. — Il y en a plusieurs à Rome. Les plus intéressantes sont celles de Saint-Calixte, sous la Via Appia. Les autres se rattachent à la Basilique de Saint-Sébastien, et à celle de Sainte-Agnès-hors-les-murs.

Sainte-Catherine de Sienne. — Son corps parfaitement sain, repose dans l'église de Santa-Maria-sopra-Minerva. Sa chambre est contigue à l'église.

Sainte-Cécile du Transtévère. — L'église conserve son corps. On peut visiter également la chambre de bain dans laquelle ses persécuteurs essayèrent de la mettre à mort en surchauffant l'eau du bain. L'église conserve aussi, devant la confession, la célèbre et admirable statue en marbre de la sainte.

Capucins. — Piazza Barberini. — Cette église ne peut avoir ni marbres ni dorures puisqu'elle appartient à un Ordre mendiant ; mais elle possède quelques toiles admirables : saint Michel écrasant le serpent est un chef-d'œuvre du Guide. Elle conserve également le corps resté intact du bienheureux Crispin de Viterbe. Au-dessous de l'église se trouvent des caveaux dans lesquels on peut voir des squelettes de moines en habit de leur Ordre.

Saint-Charles. — Son église (dans le Corso) conserve le cœur et le crucifix du saint.

Saint-Claude. — Piazza San-Claudio. L'adoration perpétuelle est établie dans cette église, et chaque soir on donne la bénédiction une heure avant l'*Ave.*

Saint-Clément. — Via San-Giovanni-in-Laterano. Cette église d'une très haute antiquité, offre beaucoup d'intérêt au visiteur; au-dessous s'étend une seconde église souterraine. Elle appartient aux Dominicains Irlandais.

Colysée. — L'ancien cirque, où une multitude de chrétiens, parmi lesquels saint Ignace d'Antioche, furent mis en pièces par les bêtes féroces pour l'amusement du peuple. Il contenait 87.000 spectateurs assis et plus de 20.000 debout. Restauré sous Alexandre Sévère, il dépasse la masse des Pyramides de Memphis et des travaux de Babylone. Son style rivalise avec celui des beaux temples de la Grèce. Sa construction remonte à la dispersion des Juifs qui fournirent des milliers d'ouvriers.

Crèche. — De Noël à l'Épiphanie, on peut voir à l'Ara-Cœli, une crèche magnifique contenant le « Santo Bambino. » Pendant l'octave de l'Épiphanie une autre crèche très remarquable s'élève dans l'église de Saint-André-della-Valle.

Saint Dominique. — Il fonda un monastère tout près de Sainte-Sabine. C'est là qu'il fit plusieurs miracles, et qu'il planta le célèbre oranger qui fleurit encore de nos jours ; c'est là qu'il reçut la visite de saint François d'Assise et de saint Ange, de l'ordre du Carmel ; c'est là que saint Pie V a demeuré, et que saint Dominique a donné l'habit à saint Hyacinthe et à Celse. Saint Raymond de Pennafort, saint Thomas d'Aquin et bien d'autres sont venus en ce lieu.

Domine quo vadis. — Près des catacombes de Saint-Sébastien, sur la voie Appienne. — L'église est érigée au lieu où Notre-Seigneur rencontra saint Pierre fuyant la persécution. Le saint lui demanda : « Où allez-vous, Seigneur ? » — « A Rome, répondit le Divin-Maître, pour être crucifié de nouveau à ta place. »

Sainte Dorothée. — Son corps repose dans son église, via di santa Dorotea, Transtévère.

Collège Anglais. — Via Monserrato. — Une église neuve et magnifique est dédiée à saint Thomas de Cantorbéry. Ce collège est construit sur l'emplacement de l'ancien Hospice anglais pour les pèlerins. C'est le champ de repos d'un grand nombre de martyrs et de confesseurs anglais.

Couvent Anglais. — 16, via San-

Sebastiano. — Ce couvent dont l'église est dédiée à saint Georges et aux saints anglais, a été fondée à Rome par la volonté expresse de Sa Sainteté, au milieu du quartier appelé quartier anglais.

Religieuses Anglaises. — Il y a des religieuses anglaises dans le couvent de Marie Réparatrice, 17, via degli Artisti, et à la Trinité du Mont.

Fête de l'Épiphanie. — L'église de la Propagande est ouverte, et les Messes sont célébrées selon les différents rites orientaux. Les cérémonies de l'Eglise grecque catholique sont les plus intéressantes.

Sainte Françoise Romaine. — Son corps repose dans son église sur le Forum. La chambre où elle mourut et d'autres reliques intéressantes, peuvent être vues au couvent qu'elle a fondé, appelé Tor de Specchi. Ce couvent est ouvert le 9 mars. La communauté est composée de simples oblates, qui, pour la plupart, appartiennent aux premières familles de Rome.

Saint François d'Assise. — Transtévère, près Sainte-Cécile. Eglise de San Francisco-de-Ripa. C'est là que le saint a vécu ; on peut encore voir sa cellule, et la pierre qui lui servait d'oreiller. Dans le jardin on retrouve l'oranger qu'il planta de ses mains. Cette église contient plusieurs corps de saints, et un grand nombre de reliques précieuses.

Saint François Xavier. — L'église du Gesù conserve son bras droit, que la corruption a respecté.

Forum Romain. — Place du marché de l'ancienne Rome, aujourd'hui, Campo Vaccino. — On y voit encore des vestiges de la tribune aux harangues de Cicéron, ainsi que trois colonnes d'ordre corinthien, et une quatrième ayant perdu la statue qui décorait son sommet. Ces colonnes, hautes de 45 pieds, attestent la magnificence de l'édifice détruit. Plusieurs temples ornaient le Forum ; presque tous sont transformés en églises. Trois arcs de triomphe sont encore debout. Le plus ancien et le plus pur de style, est celui de Titus, inauguré en 81 et racontant les triomphes des vainqueurs de Jérusalem. Le Pape saint Grégoire le Grand, traversant un jour le Forum pour se rendre à son monastère sur le Mont Cœlius, aperçut trois beaux enfants aux cheveux d'or, qu'on allait vendre comme esclaves, s'informant de quel pays ils étaient : « Angli » (Angles), lui fut-il répondu. « Non, » répliqua le Pape, « dites plutôt Angeli, » et à partir de ce moment il résolut que la foi serait prêchée aux habitants de la Grande-Bretagne.

Saint-Louis-des-Français. — Via della Scrofa. — Cette église si remplie de souvenirs chers à la France, se fait remarquer par la richesse de ses décorations, et surtout par les fresques célèbres du Dominiquin.

Eglise de Saint-George et des Saints-Anglais. — Nouvelle église attachée au couvent anglais et ouverte au public. — Sermons et confessions en anglais.

Eglise de Saint-George in Vélabro. — Une des plus anciennes églises de Rome. La tête de saint George, sa lance et son étendard sont dans la confession. L'église est ouverte le premier jeudi du carême et le jour de de saint George ; en temps ordinaire, il faut s'adresser au gardien qui demeure tout près.

Eglise du Gesù. — Eglise des Jésuites. Elle contient la tombe de saint Ignace, une statue en argent, de grandeur naturelle, qui représente le saint, le bras droit de saint François-

Xavier, la peinture miraculeuse de la Madone della Strada, vénérée dans la première église de la Compagnie élevée en ce lieu, et une quantité de reliques infiniment précieuses. A certaines fêtes, cette magnifique église se distingue par de splendides illuminations, particulièrement, le dernier soir de l'année, tandis qu'on chante en grande pompe le Te Deum d'actions de grâces (à 4 h. 30, ou 5 heures du soir environ).

Eglise Nationale des Allemands. — Santa Maria dell'Anima.

Couvent Allemand. — 8, Via San Basilio.

Eglise Grecque catholique. — Via Babuina. Les cérémonies sont curieuses et intéressantes.

Eglise de Saint-Grégoire-le-Grand. — Sur le Mont Cœlius, en face du palais des Césars. Sur l'emplacement de la maison de son père, le Pape saint Grégoire bâtit un monastère Bénédictin, dans lequel il se retirait fréquemment pour se délasser des soins de son Pontificat. De ce monastère il envoya à la conquête de l'Angleterre un moine nommé Augustin, qu'on a appelé dans la suite saint Augustin-d'Angleterre. Nombre de saints ont vécu dans cette maison, entre autres saint Laurent, archevêque de Cantorbéry, saint Mélitus, évêque de Londres, et saint Pierre, abbé de Cantorbéry. La cellule de saint Grégoire est transformée en chapelle latérale ; on peut y voir la pierre sur laquelle il dormait, la chaise qui lui servait de siège, et plusieurs autres reliques. Il y a dans le jardin trois chapelles : la première est dédiée à sainte Sylvie, la seconde à saint André. C'est là que saint Grégoire prêchait et donnait les homélies qui comptent aujourd'hui parmi les trésors de l'Eglise. La troisième chapelle est consacrée à sainte Barbe. Une inscription est gravée au-dessus de la porte : « salle à manger des pauvres. » Au milieu de cette salle on voit encore la table de marbre sur laquelle saint Grégoire servait chaque jour de ses propres mains douze pauvres en l'honneur des douze Apôtres. Un jour, un ange prit sa place au milieu de l'assemblée. De là est venu l'usage que les souverains Pontifes observent fidèlement, de servir treize pauvres au lieu de douze, le jour du Jeudi Saint.

Chapelle de Sainte-Hélène. — Dans la basilique de la Sainte-Croix. *Santa Scala.* — L'édifice qui contient la Santa Scala se trouve juste en face de Saint-Jean-de-Latran. On peut y vénérer l'escalier de marbre que sainte Hélène a apporté à Rome. Notre Seigneur a monté ces degrés avant et après la flagellation et le couronnement d'Épines, et, en mémoire de ces pas sacrés, le pèlerin ne les monte qu'à genoux.

La Santa Scala contient vingt-huit degrés recouverts de bois, qu'on a déjà renouvelé plusieurs fois, à cause de l'affluence des pèlerins. Une petite assiette de cuivre marque les endroits où le Precieux Sang est tombé, afin que les fidèles puissent les baiser avec ferveur. Trois autres escaliers conduisent au Sanctuaire, appelé Sancta Sanctorum, à cause du nombre et du prix des reliques qu'il contient. On y conserve le célèbre portrait de Notre-Seigneur, appelé Achiropoieita, qui n'a pas été fait de main d'homme. La tradition rapporte que ce portrait, commencé par saint Luc, fut achevé par les Anges. Une copie du tableau est suspendue à l'extérieur du lieu saint. A main droite, se trouve la chapelle des Pères Passionnistes, qui ont le soin de ce sanctuaire.

Chambre de saint Ignace de Loyola.— Via Ara-cœli. S'adresser à la sacristie du Gesù. C'est dans cet appartement que saint Ignace a vécu et qu'il a écrit les constitutions de la Compagnie de Jésus. On voit encore la chapelle où il célébrait les saints Mystères, et la chambre où il est mort. Plusieurs autres saints ont passé dans ces appartements. Saint Charles Borromée a dit sa première messe sur cet autel, et saint François-de-Sales y a offert souvent le saint sacrifice. Saint Philippe de Néri est venu bien des fois en ce lieu pour converser avec saint Ignace, ainsi que le Bienheureux Pierre Canisius, qui se préparait à prononcer ses derniers vœux. Plus tard, les trois saints, Louis, Berchmans et Stanislas y sont venus aussi. C'est là enfin que saint François de Borgia a vécu et qu'il est mort.

Saint Ignace a prèché principalement dans l'église de Santa Maria, in Monserrato.

Sa tombe est au Gesù, son église est attachée au Collège Romain.

Augustins Irlandais. — Santa Maria in Mosterula, via di Torre di Nona.

Collège Irlandais. — Via Mazzarino, près du Quirinal. La chapelle qui appartient à ce collège possède le cœur de Daniel O'Connel, légué par lui-même à la ville de Rome.

Dominicains Irlandais. — Église de Saint-Clément, entre le Colysée et Saint-Jean-de-Latran.

Franciscains Irlandais. — Église de saint Isidore, via degli artisti.

Église de Saint-Jacques. — Piazza Scossacavalli. Cette église conserve l'autel sur la pierre duquel Notre-Seigneur fut déposé quand on le présenta au Temple.

Saint Jacques le Mineur. — Son corps repose dans l'église des Saints-Apôtres.

Saint Jean de Matha. — La chambre où il mourut est attachée à l'église de Saint-Thomas, près de l'église de Saint-Jean-et-Saint-Paul.

Saint-Jean-et-Saint-Paul. — Cette église est tout près de celle de Saint-Grégoire, mais au nord de celle-ci ; on y monte par un sentier étroit, bordé de murs. Elle a été bâtie sur le lieu où les deux frères, Jean et Paul, furent martyrisés. Une splendide chapelle latérale renferme le corps intact de saint Paul-de-la-Croix. — S'adresser à la sacristie.

Église de Saint-Jean-Porte-Latine. — Construite à l'endroit où saint Jean l'Evangéliste subit la torture dans une chaudière d'huile bouillante ; elle est située à l'extrémité d'une petite rue, en regard de l'église San-Cesareo, c'est la seconde église que l'on rencontre à main droite, en remontant la via di Porta-San-Sebastiano.

Bénédiction des agneaux. — Chaque année, le jour de la fête de Saint-

Agnès (21 Janvier), on bénit deux agneaux à Sainte-Agnès-hors-les-murs, après la grand'messe, qui commence généralement à 10 heures. Les agneaux sont placés sur l'autel. Après la bénédiction, on les porte au Pape, et sa Sainteté les envoie aux religieuses bénédictines, près de l'église Sainte-Cécile. Le Pallium que le Pape accorde aux archevêques est fait de la laine de ces agneaux.

Église de Saint-Laurent-in-Lucina. — Elle conserve le gril et les chaînes de saint Laurent.

Église de Saint-Laurent-in-Panepcrna. Près de Sainte-Marie-Majeure. C'est là que le saint fut martyrisé.

Saint Longin. — Le soldat dont la lance perça le côté de N.-S. Son corps repose dans l'église de San-Marcello.

Saint-Luc-l'Évangéliste. — Il fut emprisonné au même lieu que saint Paul, via Lata.

Église de Sainte-Marie-Madeleine. — Via di Maddalena, près de Saint-Augustin. L'église contient plusieurs reliques de la sainte. Son pied est conservé dans l'église de San-Celso-e-Guiliamo, via del Banco San Spirito, en face du Pont di San Angelo.

San-Marcello. — Eglise des Servites, dans le Corso, près la Piazza di Vénézia.

Santa-Maria-degli-Angeli. — Eglise des Cartusiens, près de la station du chemin de fer.

Santa-Maria-in-Ara-Cœli, anciennement temple de Jupiter Capitolin. — Sur la colline du Capitole. C'est une église Franciscaine de très haute antiquité. Elle possède le corps de sainte Hélène et a été visitée par bien des saints dont plusieurs demeuraient au monastère voisin, actuellement détruit par les soins du gouvernement piémontais. Entre autres saints qui aimèrent cette église, l'histoire signale saint

Jean de Capistran, saint Bernardin de Sienne et saint Diègue d'Alcantara. Saint Philippe de Néri lui-même y est souvent venu prier.

Église de Santa-Maria-in-Camptelli. — Elle contient le corps du bienheureux Jean Léonard.

Église de Santa-Maria-in-Cosmedin. — Jadis temple de Cérès et de Minerve, orné de belles colonnes sous Tibère. Elle est à l'extrémité de la via Bocca della Vérita, et en face du temple de Vesta, aujourd'hui chapelle de Santa-Maria-del-Soli. On voit encore dans le portique de l'église une grande figure taillée dans la pierre ; de sa bouche énorme sortait autrefois une fontaine. La tradition rapporte que les Romains plongeaint la main droite dans cette « bouche de vérité » avant de prêter un serment. L'église est considérée comme une des plus anciennes qui aient été consacrées à Marie. Elle renferme un très beau portrait de la Sainte-Vierge, dit miraculeux, et une chaire que l'on croit avoir servi à saint Augustin.

Santa-Maria-in-Loretto. — Dans le Forum de Trajan.

Santa-Maria-sopra-Minerva. — Piazza du même nom. C'est la seule église gothique qui existe à Rome et le principal sanctuaire des Dominicains. Elle possède le corps intact de sainte Catherine de Sienne.

Eglise de Santa-Maria-dei-Monti. — Elle n'est pas très éloignée de Saint-Lorenzo-in-Paneperna, mais on la trouve assez difficilement, s'adresser via de Serpenti. Elle contient le corps de saint Benoît Joseph Labre. La chambre où le saint est mort est située via de Serpenti tout près de l'église.

Santa-Maria-in-Prorato. — Sur le mont Aventin, près de Saint-Alexis. C'est l'église des Chevaliers de Malte ;

du jardin où elle est située, on jouit d'un magnifique coup d'œil sur Rome.

Marie Réparatrice. — 17 via degli Artisti. La Bénédiction dans cette église est très admirée et très suivie. Le couvent tient une bibliothèque catholique qui prête des livres.

Santa-Maria-in-Transtevère.— Belle et ancienne église, dédiée à Notre-Dame. Elle contient les corps de saint Calixte, de saint-Julien et de saint Corneille, ainsi que la tête de sainte Dorothée.

Santa-Maria-in-Via Lata. — En face de San-Marcello-di-Corso. C'était autrefois la demeure de Martial, le soldat chargé de garder saint Paul, durant les deux ans de la captivité de l'apôtre en ce lieu. Saint Luc, saint Tite, saint Marc et saint Timothée y vécurent avec lui ; c'est là que fut converti l'esclave Onésime, qui mérita par ses vertus le titre de saint ; c'est là enfin que saint Paul a écrit plusieurs de ses épitres inspirées. S'adresser à la sacristie pour voir la prison et la fontaine qui jaillit à sa prière pour le baptême de Martial et de ses compagnons.

Mater admirabilis. — Le portrait de la Sainte-Vierge qui porte ce nom fut peint pour orner le corridor du couvent de la Trinité du Mont. Tel était le crédit des prières faites devant ce tableau, que l'endroit fut converti en oratoire. Le 20 octobre fut désigné par Pie IX pour célébrer la fête de Mater admirabilis. S'adresser à la Trinité du Mont pour visiter ce ravissant petit sanctuaire.

Sainte Monique. — Son corps repose dans l'église de Saint-Augustin.

Saint-Patrick. — L'église de Saint-Marc conserve un doigt de ce saint. On bâtira prochainement en son honneur une nouvelle église, dont le soin sera confié aux Augustins d'Irlande.

Sa fête (17 mars) se célèbre en grande pompe aux Franciscains d'Irlande et au collége Irlandais.

Saint-Paul. — On croit que ce saint a enseigné secrètement les chrétiens, au lieu où s'élève maintenant l'église appelée San-Paolo-alla-Regola.

Prison Mamertine. — Saint Pierre et saint Paul y furent emprisonnés environ neuf mois avant leur martyre dans un cachot sombre et infect.

C'est là qu'ils convertirent leurs geoliers et quarante-sept prisonniers. L'eau manquant pour baptiser les nouveaux chrétiens, les saints se mirent en prière et une fontaine jaillit du sol. Cette fontaine coule encore et les pélerins aiment à boire de ses eaux. Au-dessus de la prison se trouve une chapelle dédiée à saint Pierre, et contenant un crucifix miraculeux ; on y vient particulièrement prier pour l'âme de ceux qui sont morts de mort violente.

Eglise de Saint-Joseph. — La principale église dédiée à saint Joseph est située sur la colline du Capitole ; l'église de Sainte-Anastasie conserve une partie de son manteau.

Saint Joseph Calasanz. — Le corps de ce saint repose dans l'église de Saint-Pantaléon, près la Piazza Navona. Tout près de l'église, on peut visiter la chambre de ce saint, fondateur des pauvres clercs de la Mère de Dieu.

Saint-Félix-de-Cantalice. — Sa cellule est au Couvent des Capucins.

Saint-Jérome (Saint-Girolamo-della Carità) Via di Monserrato. Habitation de sainte Paule, où la sainte recevait saint Jérome, quand il venait dans la Ville Eternelle. Le corps du saint repose dans la Trinité dei Pellegrini.

Saint Jean-Baptiste de Rossi. Son

corps est dans l'église de Santa-Trinità dei-Pellegrini, près du Ponte Sixto, et ses appartements touchent l'église de Santa-Maria-en-Cosmedin. Il a été canonisé récemment par Léon XIII.

Saint-Joseph d'Arimathie. — Les reliques de ce saint sont à Saint-Pierre.

Palais des Césars. — Sur le mont Palatin, près du Forum. Ces ruines imposantes méritent l'attention du pèlerin. C'est là que demeuraient les empereurs romains ; c'est de là que partit le décret qui ordonnait le recensement de l'univers. C'est là que, plus tard, saint Sébastien confessa la foi. Une petite église a été élevée à l'endroit où il fut percé de flèches et laissé pour mort. C'est en ce même lieu que, sortant de la défaillance causée par la torture, il alla froidement affronter le tyran qui le fit mourir sous les coups.

Saint Thomas de Cantorbéry. — La tradition rapporte que saint Thomas de Cantorbéry a vécu, pendant son séjour à Rome, à l'hospice Anglais, actuellement collège Anglais.

Église de Saint-Marc. — Piazza San Marco, près la Piazza Venezia. Cette église fut bâtie en l'honneur de saint Marc l'Evangéliste par le pape du même nom, qui fut ensuite canonisé. Elle est particulièrement riche en reliques. — S'adresser à la sacristie pour voir le grand reliquaire.

Propagande. — Le grand édifice qui se trouve sur la Piazza di Spagna est le collège de la propaganda di Fide. C'est le quartier-général de tous les missionnaires qui vont évangéliser le monde.

Saint-Paul-alle-tre-Fontane. — Saint Paul fut martyrisé en ce lieu; sa tête rebondit trois fois après sa décollation et une source jaillit aux endroits où elle toucha le sol. Trois églises ont été bâties sur l'emplacement, à un mille et demi de la basilique de Saint-Paul. La colonne à laquelle le saint fut attaché pendant sa flagellation, se trouve dans l'église de Santa-Maria-in-Transpontina, Borga Nuava, près de Saint-Pierre. Sa prison est à Santa-Maria-in-Via-Lata. La chapelle de la Séparation est située sur le chemin qui conduit à la basilique de Saint-Paul. Cette chapelle est fermée, mais la façade porte l'inscription suivante : « Ici saint Pierre et saint Paul se sont séparés pour aller au martyre. Paul dit à Pierre : « La paix soit avec toi, Pierre angulaire de l'Eglise, pasteur des agneaux de Jésus-Christ. » « et Pierre dit à Paul : « Va en paix, Apôtre de la foi, flambeau qui éclaire le juste dans le chemin du Salut. »

Saint Paul de la Croix. — Son corps est dans l'église de Saint-Jean et de Saint-Paul. Ses appartements, ainsi que plusieurs reliques du saint, sont au monastère voisin.

Saint-Pierre. — Prison mamertine. — Saint-Pierre-in-vincoli. — On y conserve les chaînes du saint. — Saint-Pierre-in-Montorio. — C'est là, que le saint mourut crucifié la tête en bas, selon l'ardent désir qu'il avait exprimé lui-même, comme indigne de mourir dans l'attitude même du divin Maître.

Saint Philippe. — Son corps est dans l'église des Saints-Apôtres.

Saint Philippe de Neri, apôtre de Rome. — Les souvenirs de ce saint sont tous vivants à Rome. Dans la villa Mattei on peut voir le lieu où il aimait à s'entourer de la jeunesse pendant la récréation. Il visitait souvent les catacombes; l'église de San-Girolamo-della-Charità, via de Monserrato, est pleine des souvenirs de ce saint. C'est là qu'il a vécu et fondé la congrégation de l'Oratoire.

C'est là qu'il a reçu la visite de saint Charles, de saint Ignace, de saint Camille, de saint Félix, et d'une multitude de saints et illustres personnages. Les dernières années de sa vie se sont écoulées à l'église, appelée actuellement Chiesa-Nuova, près la Piazza Navona ; et c'est là qu'il est mort. Son corps, parfaitement intact, repose dans une chapelle latérale. Il faut s'adresser à la sacristie pour voir ses appartements, son confessional et plusieurs reliques.

Pie IX. — Son cops repose dans la basilique de Saint-Laurent.

Autel de la Présentation. — L'impératrice sainte Hélène apporta de Jérusalem deux pierres ; sur l'une Abraham avait placé Isaac, quand il l'offrit en sacrifice au Seigneur ; sur l'autre, la très sainte Vierge déposa l'enfant Jésus lorsqu'elle le présenta dans le temple, à Dieu son père. La sainte Impératrice comptait remettre ce précieux dépôt à Saint-Pierre. Mais lorsque les chevaux qui la portaient arrivèrent en ce lieu, rien ne put les déterminer à aller plus loin. De là vient la fondation de l'église et le nom qu'elle reçut : Scossa cavalli.

Religieuses de la Présentation. —Nouveau couvent, 13, via Milazza, près de la station du chemin de fer. Les pèlerins des deux sexes y sont reçus à des prix très modérés, ainsi que les malades.

Sainte-Praxède. — Près de Sainte-Marie-Majeure. Cette église est extrêmement antique ; elle possède un précieux trésor : la colonne à laquelle Notre-Seigneur fut attaché durant la flagellation. — Elle est placée dans une petite chapelle latérale, qui ne s'ouvre aux femmes que les Dimanches de carême ; mais la sainte colonne peut toujours être vue à travers la grille. Le corps de sainte Praxède est dans la crypte avec celui de beaucoup d'autres saints et martyrs. Saint Charles Borromée, qui fut cardinal de cette église, aimait à y rassembler les pauvres ; on voit encore la table sur laquelle il les servait, ainsi que plusieurs autres reliques du saint. Il prêchait fréquemment dans cette église et passait quelquefois la nuit en prière, dans la chapelle de la Sainte-Colonne. Sa chambre est contigüe à l'église.

Eglise de Sainte-Prisca. — Sur le mont Aventin, c'était anciennement la maison de la sainte qui y fut baptisée par saint Pierre. Les fonds qui servirent au baptême de la sainte, en même temps qu'à celui d'Aquila, de Priscilla, et de plusieurs autres convertis de saint Pierre, sont dans la Crypte. sainte Prisca fut martyrisée à l'âge de treize ans.

Eglise de Sainte-Pudentienne. — Sur le versant de la colline qui conduit à Sainte-Marie-Majeure. Jadis, maison de Pudens, un des premiers convertis de saint Pierre, chez qui le saint vécut pendant sept ans. Les deux filles de Pudens se nommaient Praxède et Pudentienne. Leur principale occupation était de réunir les corps des martyrs ; un grand nombre de ces restes précieux sont ensevelis dans l'église. On y voit aussi l'autel sur lequel saint Pierre disait la messe.

Eglise de Sainte-Sabine. — Sur le mont Aventin. C'était anciennement la maison de la sainte ; elle fut ensuite donnée à saint Dominique avec le palais adjacent.

Église du Sacré-Cœur. — Nouvelle et magnifique église appartenant à la congrégation de Dom Bosco, via di porta san Lorenzo, près de la station du chemin de fer.

Sépulcre. — Le Jeudi-Saint, presque toutes les églises de Rome ont le sépulcre et sont ouvertes tout le ur. Les plus remarquables de ces monuments sont ceux de Saint-Pierre, du Gesù, de la Minerve, du Sudario, Tor-dé-Specchi.

Église-di-San-Stefano-Rotondo.— En face de la villa Mattei. Église ronde très remarquable, décorée de fresques immenses qui reproduisent les principaux martyres de l'Église. Elle n'est ouverte que le jour de la fête patronale; en temps ordinaire, s'adresser au gardien.

Église de San Sudario. — Via del Sudario, tout près du Gesù. On y conserve un modèle du linceuil de Notre-Seigneur. La relique elle-même est à Turin, et à Cadouin, en Périgord.

Pied de Sainte-Thérèse. — Dans l'église de Santa-Maria della Scala, in Transtevère.

Trinita dei Monti. — Sur le Pincio, couvent du Sacré-Cœur.

Trinita dei Pellegrini. — Attachée à

l'hôpital du même nom. Avant les derniers malheurs de la ville sainte, les pèlerins y étaient reçus pendant la semaine sainte et la noblesse romaine venait leur offrir ses hommages.

Palais du Vatican. — Le plus grand édifice du monde, contenant vingt cours, huit grands escaliers, deux cents petits escaliers et environ onze mille chambres. De tout temps ce palais a été la résidence principale des souverains Pontifes, et on peut l'appeler maintenant leur prison, puisqu'ils ne peuvent plus franchir son enceinte. Le Vatican renferme la chapelle Sixtine, construite sous le pontificat de Sixte IV et ornée des plus célèbres peintures, notamment celle du « Jugement dernier », de Michel-Ange. Dans cette chapelle, un service solennel a lieu le 3 mars, anniversaire du couronnement de Sa Sainteté. Le Pape se rend avec toute sa cour dans la chapelle Sixtine, pour y entendre la grand'messe. Le dimanche de Pâques, Sa Sainteté dit une messe basse dans cette chapelle, et donne la communion à un grand nombre de fidèles.

Le Vatican possède le plus grand musée du monde, rendez-vous des plus admirables chefs-d'œuvre de la peinture et de la sculpture. On y remarque le Laocoon, le Torse, l'Antinoüs, l'Apollon du Belvédère. Là se trouve aussi la plus magnifique bibliothèque de l'univers.

Villa Mattei. — A l'extrémité de la via di Navicella, derrière le Colysée. Splendide jardin qui fut la promenade favorite de saint Philippe de Néri. L'entrée s'obtient généralement sur la présentation d'une carte de visite.

SUPPLÉMENT

Église de Sainte-Constance. — Dans le jardin de Sainte-Agnès-hors-les-murs. Si l'église est fermée, s'adresser au sacristain. Elle est dé liée à la fille de Constantin-le-Grand. Monument d'un haut intérêt.

Catacombes de Saint-Alexandre. — Eglise en ruines, avec Catacombes, à douze kilomètres de Sainte-Agnès. La messe y est dite le 3 mai par un des Cardinaux.

Catacombes de Sainte-Priscille. — Via Salaria, à un demi-mille de la Porte. Sur le toit d'une chapelle carrée on voit encore une fresque représentant la Sainte-Vierge, l'Enfant Jésus et saint Joseph. Cette peinture, la plus ancienne de ce genre, date du second siècle.

ORDRE

DANS LEQUEL LES PERSONNES DONT LE TEMPS EST COMPTÉ

peuvent visiter les églises

DISPOSÉES EN CERCLES

I

Castel Sant'Angelo.
Il Vaticano, — San Pietro.
San-Giacomo, Piazza Scossacavalli.
San-Pietro-in-Montorio.
Santa-Maria-in-Transtévère.
Santa-Cécilia.
Santa-Dorotea.

II

Trinità dei Monti.
Cappucini. Piazza Barberini.
Santa-Andréa-del-Quirinale.
Santa-Maria-Maggiori.
Madonna del Perpetuo Soccorso, Villa Casserta.
San-Prassede.

Santa-Pudentiana.

Santa-Maria-di-Monti.

San-Andrea-delle-Fratte, près la Propagande.

III

Chiesa dei Santi Apostoli, près la via Nazzionale.

Le Colysée, près le Forum Romain.

San-Clementi, près du Colysée.

Santa-Scala, au-delà de San-Clementi.

Sancta-Sanctorum.

San-Giovanni-in-Laterano.

Santa-Croce-in-Gerusalemme, au-delà de Saint-Jean-de-Latran.

San-Lorenzo-in-Paneperna, près Santa-Maria Maggiore.

IV

Carcere Mamertina, Foro Romano.

Foro Romano.

Chiésa di sancta Francesca Romano.

Saint-Bonaventure, Mont Palatin.

Saint-Grégoire, Mont Cœlius.

San-Giovanni-Paolo, près de Saint-Grégoire.

Villa Mattei.

San-Stefano-Rotondo.

San-Piétro-in-Vincoli, près du Colysée.

V

San-Marco.

Santa-Maria-in-Camptelli.

Santa-Maria-in-Cosmediu.

San-Giorgio-in-Velabro.

San-Sabina.

San-Alesso, Santa-Maria-in-Priorato.

Santa-Prisca.

San-Paolo-fuori-le-muro.

Tre Fontane.

VI

San-Carlo, Corso.

San-Lorenzo-in-Lucina, près du Corso.

San-Marcello, Corso.

Santa-Maria-in-via-Lata.

Ignazio, près du Corso. Chambres du Saint.

Santa-Maria-sopra-Minerva, près San-Ignazio.
San-Agostino.
Santa-Maria-Maddalena.
Santa-Agnèse, Piazza Navona.
Chiesa Nuova.

VII

San-Claudio.
Ara Cœli.
Le Gesù.
San-Sudario.
San-Andrea-della-Valle.
Collegio-Inglese.
San-Bartholomeo.
San-Girolamo-della-Carità.

VIII

Maria-degli-Angeli.
Chiesa San Cuore di Gesù.
San-Lorenzo-fuori-le-muro.

IX

San-Giovanni-in-Porta-Latina.
Domine quo vadis.

Catacombes de San-Caliste.

San-Sebastiano.

X

Santa-Agnès-puori-le-mura.

Santa-Çostanza.

San-Alessandro.

Si le temps presse, les pèlerins peuvent visiter en une seule tournée les églises comprises entre les numéros VIII et X et VI et VII.

PRINCIPAUX

OBJETS PROFANES

Qui offrent de l'intérêt aux pèlerins

L'ancienne Rome était construite sur sept collines, mais avec le temps, les bâtiments se sont étendus sur les collines environnantes. Les 7 collines sont : le Mont Capitolin, le Mont Palatin, le Mont Aventin, le Mont Cœlius, le Mont Esquilin, le Mont Quirinal, le Mont Viminal.

Les autres collines portent le nom de Mont Citorio, Mont Vatican, Mont Janicule, et le Mont Pincio, dans l'intérieur des murs. Les deux derniers sont cultivés et couverts de beaux jardins, d'où l'ont jouit d'une délicieuse perspective sur la ville sainte. En dehors des murs, il y a encore le Mont Sacré et le Mont Mario. Rome est entourée de murailles, percées originairement de dix-neuf portes ; sept d'entr'elles sont murées aujourd'hui. Celles qui restent sont :

La Porta del Popolo, qui ouvre sur l'ancienne via Flaminia. Les évêques de Rome datent les lettres pastorales qu'ils adressent à leurs diocèses respectifs, de la « Porte Flaminienne » parce que le Saint-Père seul date ses lettres de la Nille Eternelle. La Porta Angelica et la Porta Cavallaggiori sont toutes deux près de Saint-Pierre.

La Porta di San Pancrazio, sur le

mont Janicule, la Porta Portèse, la Porta di San Paolo, la Porta di San Sebastiani, la Porta di San Giovannie, la Porta Maggiou, la Porta di San Lorenzo, la Porta Pia, et enfin la Porta Salaria.

Les principaux édifices et les ruines de l'ancienne Rome sont : le Capitole, le Forum Romain, le Forum de Trajan, le Palais des Césars, les bains de Caracalla, et le Palais de Latran.

Les principales galeries de peinture, outre celle du Vatican sont : la galerie Borghèse, Galerie Albani, Academia de San Luca, Barberini, Corsini, Rospiglio.i.

Pour connaître les jours et les heures auxquels ces galeries sont ouvertes (jours et heures diffèrent selon les saisons de l'année) et pour obtenir les autorisations nécessaires pour les visiter, s'adresser chez Piale, 1, Piazza di Spagna.

Rome coutient de grandes et belles villas ainsi que des jardins splendides qui méritent d'être vus. Ceux de la villa Médicis sur le Pincio, de la villa Doria, sur le Janicule, et de la villa Albini, sont les plus remarquables. Les terrains de la villa Borghèse, que l'on trouve en sortant de la Porta del Popolo, sont vastes et d'une grande beauté. C'est le but favori des promenades en voiture ou à cheval. Ils sont ouverts le dimanché, le mardi, le jeudi et le samedi, de 1 heure de l'après-midi au coucher du soleil.

LES ÉGLISES DE ROME

La ville Sainte ne compte pas moins de quatre cents églises. Outre celles que nous avons déjà mentionnées, les suivantes peuvent être visitées avec intérêt :

Le Panthéon. — Fondé par Agrippa en 27, garde la tombe de Raphaël..... et celle de Victor-Emmanuel. La plus belle église de l'antiquité.

Sainte-Anastasie, près du Forum romain.

Sainte-Appolinaire, près de Saint-Augustin.

Sainte-Bibiane, près de la station du chemin de fer :

On célèbre sa fête le 2 Décembre ; s'il pleut ce jour-là la croyance populaire affirme que la pluie persiste pendant quarante jours.

Saint-Dominique et Saint-Sixte, près du Quirinal.

Saint-Jacques, dans le Corso.

Notre-Dame-de-la-Paix, près de la Piazza Navona.

Notre-Dame-du-Peuple, Piazza del Popolo.

Santa-Maria-di-Navicella, tout près de la villa Mattei.

Notre-Dame-des-Victoires, dans la rue qui conduit à la Porta Pia.

Saint-Martin, près la prison Mamertine.

Saint-Sixte, voie Appienne.

Saint-Sabas, sur le mont Aventin.

S. Salvatore-in-Onde, près du Ponte Sixto.

LISTE GÉNÉRALE

des églises de Rome

Quatre sont consacrées à la Ste-Trinité

Deux sont consacrées au Saint-Esprit.

Six sont consacrées à la Ste-Croix.

Dix-huit sont consacrées à Notre-Seigneur, sous différents titres.

Plus de cent sont consacrées à Notre-Dame.

Cinq sont consacrées à son Immaculée-Conception.

Huit sont consacrées à l'Annonciation.

Deux sont consacrées à la Purification.

Cinq sont consacrées aux douleurs de la Sainte-Vierge.

Quatre sont consacrées à son Assomption.

D'autres églises lui sont encore dédiées sous les vocables suivants :

Notre-Dame de Bon-Secours.

Notre-Dame de Bon-Conseil.

Notre-Dame de Bon-Voyage.

Notre-Dame de Bonne-Mort.

Notre-Dame du Carmel.

Notre-Dame de Consolation.

Notre-Dame de la Fièvre.

Notre-Dame de Providence.

Notre-Dame de l'Amour Divin.

Notre-Dame de Grâce.

Notre-Dame de Lorette.

Notre-Dame de L'Impératrice.

Notre-Dame la Libératrice.

Notre-Dame de Lumière.

Notre-Dame de Merci.

Notre-Dame des Miracles.

Notre-Dame des Pieds-Sacrés.
Notre-Dame de Pitié.
Notre-Dame de Pureté.
Notre-Dame de Refuge.
Notre-Dame de Repos.
Notre-Dame de la Santé.
Notre-Dame de la Prière.
Notre-Dame de l'Humilité.
Notre-Dame Porte du Paradis.
Notre-Dame Reine du ciel.
Notre-Dame du Rosaire.
Notre-Dame du Soleil.
Notre-Dame de l'Échelle du Ciel.
Notre-Dame des Vierges.
Notre-Dame du Sacré-Cœur.

Il y a aussi Notre-Dame des Musiciens, Notre-Dame des Nobles, Notre-Dame des Orphelins, Notre-Dame de la Fontaine, Notre-Dame du Vaisseau, Notre-Dame de la Grotte, Notre-Dame des Boulangers, Notre-Dame des Marchands, Notre-Dame des Artistes.

Beaucoup de pays, et de villes étrangères, entr'autres la Bretagne, Bergame, Constantinople, ont également donné leur nom à des églises consacrées à la Sainte-Vierge.

Six églises sont dédiées à saint Michel.

Trois sont dédiées aux Saints Anges.

Huit sont dédiées à saint André.

Cinq sont dédiées à saint Anne.

Quatre sont dédiées à saint Charles.

Deux sont dédiées à sainte Catherine, vierge et martyre.

Trois sont dédiées à sainte Catherine de Sienne.

Trois sont dédiées à sainte Agathe.

Trois sont dédiées aux saints Cosme et Damien.

Deux sont dédiées àsaint Benoist.

Deux sont dédiées à sainte Claire.

Quatre sont dédiées à saint François d'Assise.

Quatre sont dédiées à saint Grégoire.

Six sont dédiées à saint Jacques.

Quatre sont dédiées à saint Jean-Baptiste.

Onze sont dédiées à saint Jean l'Évangéliste.

Deux sont dédiées à saint Jérôme.

Six sont dédiées à saint Joseph.

Deux sont dédiées à saint Julien.

Deux sont dédiées à saint Lazare.

Onze sont dédiées à saint Laurent.

Cinq sont dédiées à sainte Lucie.

Trois sont dédiées à sainte Marie-Magdeleine.

Deux sont dédiées à sainte Marguerite.

Deux sont dédiées à sainte Marthe.

Huit sont dédiées à saint Nicolas.

Quatre sont dédiées à saint Philippe de Néri.

Trois sont dédiées à saint Roch.

Trois sont dédiées à saint Elysée.

Cinq sont dédiées à saint Sébastien.

Trois sont dédiées à sainte Thérèse.

Deux sont dédiées à saint Gilles.

Trois sont dédiées à saint Thomas.

Deux sont dédiées à saint Urbain.

Trois sont dédiées aux saints Vincent et Anastase.

Deux sont dédiées à saint Antoine.
Deux sont dédiées à saint Antoine de Padoue.
Trois sont dédiées à saint Georges.
Deux sont dédiées à saint Barthélemy.

Une église est consacrée à chacun des saints dont les noms suivent :

Saint Adrien, saint Aignan, saint Alphonse, saint Ambroise, sainte Apollonie, saint Athanase, sainte Balbine, saint Bernard, saint Bernardin, saint Blaise, saint Caius, saint Calixte, saint César, saint Chrysogone, saint Claude, saint Cyr et sainte Juliette, saint Denis, saint Eusèbe, saint Eustache, saint François de Paule, saint François de Sales, saint François-Xavier, les Quarante Martyrs, les Quatre Couronnés, sainte Galle, saint Gallican, sainte Hélène, sainte Ildephonse, saint Jean Calibyte, saint Joachim, saint Louis, saint Luc, saint Malo, sainte Marie Egyptienne, saint Martin, saint Martin de Tours, saint Mathieu, saints Néré et Achille; saint Norbert, saint Onuphre, saint Pancrace, saint Pantaléon, saint Pascal, saint Paul l'Ermite, sainte Rita, saint Roch, saint Romuald, sainte Rosalie, sainte Rufine et sainte Seconde, saint Sylvestre, saint Siméon, saints Simon et Jude, saint Sixte, sainte Suzanne, sainte Thècle, saint Théodore, saint Tryphon, saint Venance, saint Vital, sainte Vita et saint Modeste.

ÉGLISES
OUVERTES TOUT LE JOUR
AUX PÈLERINS

1. Les sept grandes basiliques.
2. L'Eglise qui possède la dévotion des Quarante Heures.
3. Les Eglises qui jouissent du privilège de l'Adoration perpétuelle.

4. Celles où le Saint-Sacrement est exposé.

STATIONS

Il est d'usage, pendant le Carême, de visiter chaque jour l'église de la « Station » afin de gagner l'indulgence attachée à cette visite.

L'église de la Station est celle qui est ouverte tout le jour, et dans laquelle la grand'messe et les vêpres sont célébrées. On y récite les Litanies, suivies généralement de la bénédiction, et les reliques que possède l'église sont exposées.

Voici une liste des stations :

Mercredi des Cendres. — Santa-Sabino, Santa-Maria-in-Cosmedin.

Jeudi. — San-Georgio-in-Velabro, le Gesù, et Santa-Maria-du-Corso.

Vendredi. — SS-Jean-et-Paul, et San-Grégorio.

Samedi. — Santa-Trifone et San-Agostino.

Ier Dimanche de Carême. — Saint-Jean-de-Latran.

Lundi. — San-Pietro-in-Vincoli, San Giovanni-della-Pigna.

Mardi. — Santa-Anastasia.

Mercredi. — Santa-Maria-Maggiore.

Jeudi. — San-Lorenzo-in-Paneperna.

Vendredi. — Les-saints-Apôtres.

Samedi. — San-Pietro.

IIe dimanche de Carême. — Santa-Maria-in-Navicella, San-Grégorio et Santa-Maria-Maggiore.

Lundi. — San Clémente, l'église souterraine est illuminée dans l'après-midi.

Mardi. — Sainte-Balbine.

Mercredi. — Sainte-Cécile.

Jeudi. — Santa-Maria-in-Transtevère.

Vendredi. — Saint-Vital et Saint-Pierre.

Samedi. — San-Marcellino-e-Pietro.

IIIe dimanche du Carême. — Basilique de Saint-Laurent.

Lundi. — Saint-Marc.

Mardi — Sainte-Pudentienne.

Mercredi. — Saint-Sixte, Saints-Nérée et-Achille, la Chiesa-Nuova.

Jeudi. — Saints-Côme-et-Damien.

Vendredi. — San-Lorenzo-in-Lucina.

Samedi. — Santa-Suzanna, Santa-Maria degli-Angeli.

IVe dimanche de Carême. — Basilique de la Sainte-Croix.

Lundi. — Les Quatre Couronnés.

Mardi. — San-Lorenzo in Damaso, et San-Andrea-della-Valle.

Mercredi. — Basilique de Saint-Paul-hors-les-murs.

Jeudi. — San-Martino-et-Sylvestro, in Capite.

Vendredi. — Saint-Eusèbe et Sainte Bibiane.

Samedi. — Saint Nicolas, in Carcere, et san Lorenzo, Piazza Tor Sanguigna.

Dimanche de la Passion. — Saint-Pierre et Saint-Lazare.

Lundi. — Saint-Chrysogone.

Mardi. — Saint-Cyriaque, et Saint-Cyr et Sainte-Juliette.

Mercredi. — San-Marcello.

Jeudi. — Saint-Apollinaire. (Ce jour-là une exposition générale des reliques a lieu au n° 7, Piazza San Agostino.)

Vendredi. — San-Stefano-Rotondo.

Samedi. — Saint-Jean-Porte-Latine, et Saint-César.

Dimanche des Rameaux. — Saint-Jean de-Latran.

Lundi. — Sainte-Praxède et Saint André, Ponte Milvio.

Mardi. — Sainte-Prisca, Santa-Maria del-Popolo et Santa-Maria-in-Camptelli.

Mercredi. — Santa-Maria-Maggiore.

Jeudi-Saint. — Saint-Jean-de-Latran.

Vendredi-Saint. — Sainte-Croix-de-Jérusalem.

Samedi-Saint.—Saint-Jean-de-Latran.

Nota. — Outre les fêtes d'obligation observées en diverses nations, les suivantes sont observées à Rome :

La Purification, 2 février ; saint Joseph, 19 mars ; l'Annonciation, 25 mars, saint Philippe de Néri, 26 mai ; saint Jean-Baptiste, 24 juin ; la Nativité de la Très-Sainte-Vierge, 8 septembre ; saint Michel, 29 septembre ; l'Immaculée-Conception, 8 décembre, et saint Jean l'Evangéliste, le 29 décembre.

HEURES DES CÉRÉMONIES

Il n'est jamais possible de donner des informations exactes sur l'heure des exercices à Rome. Des changements inattendus se produisent très souvent, et on ne peut compter sur la ponctualité dans les églises romaines. Il arrive fréquemment que les exercices commencent une demi-heure et plus, après l'heure désignée. Les cérémonies les plus ponctuelles sont celles de Saint-Pierre.

TOMBEAUX DES SAINTS EN ITALIE

Assise

Patrie de saint François. C'est là qu'il a passé une grande partie de sa vie, et qu'il est mort. Une église s'élève sur l'emplacement de la maison de son père. L'étable dans laquelle sa mère lui donna le jour est maintenant une chapelle. L'église de Sainte-Marie-des-Anges, restaurée par le saint, est enclavée dans une grande basilique. La tombe de saint François repose dans une crypte sur laquelles s'élèvent deux églises splendides.

L'église de Sainte-Claire possède le corps intact de la sainte. Le couvent de Saint-Damien, où elle a vécu quarante-deux ans et où elle est morte, est rempli de ses souvenirs.

Lorette

Dans la Basilique s'élève la santa Casa, la maison de Nazareth, où « le Verbe fut fait chair. »

Bologne

La magnifique église de Saint-Dominique renferme le corps du saint.

L'église de Sainte-Catherine de Bologne possède une chapelle latérale où l'on peut voir le corps de sainte Catherine parfaitement intact. La sainte est assise sur une chaise.

Florence

Le corps également intact de sainte Marie-Madeleine de Pazzi, est, dans la chapelle des carmélites.

Venise

Le corps de saint Marc l'évangéliste repose dans la basilique. L'église de San-Geremia renferme le corps intact de sainte Lucie, vierge et martyre.

Milan

Dans cette cathédrale si pleine de souvenirs glorieux, repose le corps parfaitement sain de saint Charles Borromée.

L'église de Saint-Ambroise est bâtie au lieu où le saint baptisa saint Augustin. Cette église possède le serpent d'airain.

Viterbe

Le corps intact de sainte Rose est dans l'église dumême nom.

Luques

Dans l'église de sainte Zita, repose le corps intact de la sainte.

Gênes

La cathédrale possède le calice, qui d'après la tradition, servit à la dernière Cène.

L'église de Sainte-Catherine renferme le corps de la sainte, préservé en grande partie de la corruption.

Diario Romano

Les pèlerins qui font un séjour de quelque durée à Rome, ont tout avan, tage à se procurer le *Diario Romano*- ou Ordo romain, qui donne le nom de la fête de chaque jour, et annonce plusieurs des exercices.

Cartes

Il existe d'excellentes cartes de Rome, et une de ces cartes est indispensable à ceux qui veulent faire à pied le pèlérinage aux tombeaux des saints. Nulle part la situation des églises ne peut être plus clairement indiquée. Rome est pleine de détours et de sinuosités ; donner les noms des petites ruettes obscures, ne servirait qu'à embrouiller le pèlerin. Mais les églises étant bien connues, on ne peut manquer de les trouver en s'informant.

APPENDICE

Comme ce petit livre peut tomber entre les mains de ceux des visiteurs de Rome qui ne sont point catholiques, nous avons jugé utile d'y joindre une notice qui contient des détails généralement ignorés.

Indulgences. — Elles sont de deux sortes : partielles et plénières ; mais ni les unes, ni les autres ne sont, comme bien des personnes le supposent à faux, un pardon du péché. Un péché ne peut être pardonné que lorsque le pécheur se repent. L'indulgence est la rémission de la peine temporelle dûe aux péchés déjà pardonnés.

Indulgence partielle. — L'indulgence est accordée pour un certain temps : par exemple, pour quarante jours, cent jours, etc.. L'indulgence partielle est par conséquent la rémission d'un certain temps de Purgatoire. Dans les premiers siècles de l'Église, les pécheurs faisaient des pénitences publiques et d'une durée déterminée, et parfois ils recevaient la dispense ou l'indulgence d'une partie de leur expiation. Mais, bien que la coutume des pénitences publiques ait disparu, la nécessité de l'expiation demeure. Nul ne peut gagner l'Indulgence qu'avec un cœur contrit, et après s'être confessé et avoir reçu l'absolution de son péché.

Indulgence plénière. — Celle-ci remet toute la peine temporelle due au pêché, et elle est beaucoup plus difficile à gagner que l'indulgence partielle. Il faut se confesser, communier, et avoir un profond repentir de ses fautes.

Reliques. — Dans certains guides protestants, les reliques sont souvent tournées en dérision comme apocryphes, bien que cette assertion ne soit fondée sur aucune preuve sérieuse. La vénération dont on entoure les reliques remonte à la loi juive (14e liv. des Rois chap. XIII, 21), et la tradition continuée se retrouve dans la primitive Eglise, (Actes, ch. XIX, 11, 12.) On peut supposer que lorsque les premiers chrétiens arrivèrent à Rome, il portaient avec eux les souvenirs de ceux qu'ils avaient aimés et vénérés : ces précieux restes durent être soigneusement conservés pendant les persécutions, et la tradition ininterrompue les a transmis aux temps actuels. Il n'y a aucune invraissemblance ni dans l'une ni dans l'autre de ces propositions. Quand à l'absurde allégation de ceux qui prétendent que les reliques de la Vraie Croix sont plus nombreuses qu'il ne peut mathématiquement en exister, elle a été réfutée de la manière la plus triomphante. Ceux qui tiennent à ne pas s'en laisser imposer par des fables chercheront à se renseigner à des sources certaines.

Ave Maria. — Mots latins dont on se sert à Rome pour désigner la sonnerie quotienne, trois fois renouvelée, de la cloche au son de laquelle les catholiques disent la courte prière appelée angelus, en mémoire de l'incarnation de Notre-Seigneur Jésus-Christ.

Catacombes. — C'était à l'origine des cimetières souterrains construits par les chrétiens de la primitive église pour ensevelir leurs morts. Pendant les persécutions, les catacombes étaient l'asile où l'on se réunissait pour les Saints-Mystères, l'administration des Sacrements, et d'autres exercices religieux. Nous avons placé plus loin une courte notice sur la plupart des Saints mentionnés dans le cours de ce livre, à l'usage de ceux qui ne sont pas bien familiarisés avec l'hagiographie catholique. Nous avons déjà parlé de plusieurs d'entre eux.

Sainte Agathe. — Jeune fille noble, de Sicile. Elle souffrit d'horribles tourments durant son martyre. Le tyran ordonna de lui enlever les seins ; puis on l'abandonna dans sa prison. Notre-Seigneur lui envoya Saint-Pierre pour la guérir. Elle fut alors placée sur des charbons ardents, entremêlés de débris de faïence brisée. Un épouvantable tremblement de terre interrompit la torture. Agathe mourut en prison le même jour, 254.

Sainte Agnès. — Jeune romaine qui mourut pour la foi à l'âge de treize ans en l'an 304. Avant son martyre, on lui prodigua l'outrage. Elle fut dépouillée de ses vêtements, mais ses cheveux devinrent si longs et si épais, qu'ils la couvraient comme un manteau, et les anges lui apportèrent une robe blanche comme la neige. Un de ses persécuteurs s'approchant d'elle pour l'outrager, tomba mort, mais à la prière de la douce enfant il revint à la vie. Alors on la jeta dans le feu, mais les flammes ne la touchaient pas. Dieu lui permit enfin d'atteindre sa couronne : elle fut décapitée. On ensevelit son corps dans le jardin de ses parents, hors des murs de la ville.

Saint Alexis. — Fils d'un sénateur romain du cinquième siècle. Etant inspiré de mener une vie de pauvreté et de mortification, il s'enfuit de la maison de son père, et partit comme pélerin pour la Terre-Sainte. A son retour à Rome, personne ne le reconnut, et il vécut d'aumônes dans la maison de son père, sous un escalier qui lui servait d'abri pour la nuit. A sa mort, le secret fut révélé par les anges.

Saint Louis. — Fils d'une maison princière, jésuite en 1585, il fut martyr de sa charité ; il prit la fièvre en soignant les malades, et mourut en odeur de saiutcté le 21 juin 1591. Grégoire XV le béatifia en 1621, et Benoit XIII l'a canonisé en 1726.

Saint André. — Apôtre de Notre-Seigneur et frère de saint Pierre. Mort crucifié en 44.

Sainte Anne. — Mère de la Bien-heureuse Vierge Marie.

Saint Augustin. — Grand docteur de l'Eglise, évêque d'Hippone. Mort en 433.

Saint Bernard. — Né en France, en 1091. Il entra dans l'ordre de Citeaux. C'est aussi un docteur de l'Eglise ; il a laissé des écrits d'une sagesse et d'une beauté extraordinaires. Mort en 1153, il fut canonisé en 1165. Il allait souvent à Rome, et vivait aux Tre Fontanes. C'est là qu'il eut des visions célestes, et on voit encore la place où il prononça une éloquente oraison funèbre sur la tombe d'un moine.

Saint Barthélemy. — Un des apôtres. Il fut écorché vif et décapité en 73.

Saint Benoît. — Fondateur de l'ordre des Bénédictins, Mort en 543.

Saint Benoît-Joseph Labre. — Il mena une vie de mortification, dans la pauvreté la plus stricte, mendiant son pain. Mort à Rome en odeur de sainteté, 1783.

Bienheureux Jean Berchmans. — Jeune jésuite d'une admirable sainteté. Il mourut à Rome le 13 août 1621. Béatifié en 1865.

Sainte Brigitte de Suède. — Princesse Suédoise. Après la mort de son mari, elle fonda un ordre appelé « de notre Sauveur. » Elle mourut à Rome en 1373. Son corps fut porté en Suède. Canonisée en 1391.

Saint Camille de Lellis. — Fondateur d'un ordre d'hommes appelé « serviteurs des malades. » Mort en 1614. Canonisé en 1748.

Sainte Catherine de Sienne. — Née à Sienne, où elle mena une vie de sainteté héroïque et rendit de grands services à l'Eglise. Elle mourut à Rome en 1380. Canonisée par le Pape Pie II.

Sainte Cécile. — Jeune Romaine, d'origine noble, qui devint chrétienne et fit vœu de virginité. Forcée de se marier, Dieu permit que son mari vît l'Ange qui gardait la jeune vierge; il se convertit lui-même, et respecta le vœu de son épouse. Tous deux furent traduits devant les tribunaux et condamnés à mort, Cécile fut enfermée dans sa chambre de bain où on essaya de la faire périr par suffocation. Mais Dieu ne voulut pas la rappeler à Lui par cette voie, et le supplice n'eut aucun effet sur elle. Le bourreau la frappa trois fois de son glaive sans parvenir à détacher la tête du corps. Elle vécut encore trois jours, consacrant ses dernières forces à soigner les pauvres qu'elle aimait, et elle sortit de ce monde l'an 232. Sa maison fut convertie en église par le Pape Urbain Ier. Sur le mur, on lit l'inscription suivante : « Voici la maison où priait sainte Cécile. Combien de fidèles ont prié, prient de nos jours, et prieront longtemps encore aux lieux où elle a laissé le doux parfum de ses prières ! »

Saint Charles Borromée. — Archevêque de Milan, et Cardinal. Mort en 1584. Canonisé par le Pape Paul V.

Saint Clément. — Saint Paul parle de ce saint dans son Épître aux Philippiens. C'était un des premiers Papes. L'empereur Trajan l'exila en Crimée, où il travailla dans les carrières de marbre ; là, il convertit un grand nombre de personnes et fit des miracles. Il fut noyé en haine de ses croyances. On retrouva son corps, qui fut rapporté à Rome.

Bienheureux Crispin de Viterbe. —

Un frère-lai de l'ordre des Capucins. Il mourut âgé de quatre-vingt deux ans, en 1750, après une vie de sainteté rare, et fut béatifié en 1806.

Saint-Dismas. — Le bon larron à qui Notre-Seigneur promit le Paradis.

Saint-Dominique. — Il était Espagnol, et fonda l'ordre des Frères-Prêcheurs, qu'on appelle aussi Dominicains. D'une sainteté héroïque, il rendit d'immenses services à l'Eglise, fit de nombreux miracles, et fonda la dévotion du Rosaire. Mort en 1221, il fut canonisé par Grégoire IX.

Sainte Dorothée.— Jeune fille noble, de la Cappadoce, martyrisée en 304. Pendant les dernières tortures qu'elle subit, elle disait : « J'ai hâte d'entrer en Paradis pour m'unir à mon Dieu, Il y a là-haut des fleurs qui ne se fanent jamais, et des fruits bien plus doux que ceux de la terre. »

— « Je te prie, jeune fille, » dit·

d'un ton moqueur un des assistants, nommé Théophile, « de m'envoyer de ces fleurs et de ces fruits quand tu seras dans ton Paradis. » — « Je le le ferai, dit-elle. » Quelques instants après sa décollation, un enfant d'une beauté céleste s'approcha de Théophile, et lui présenta une corbeille remplie de roses et de pommes telles qu'on n'en vit jamais sur terre... — Avec ce don, vint le grand don de la foi ; Théophile se convertit. Les fleurs et les fruits sont gravés sur la tombe de sainte Dorothée.

Sainte Françoise Romaine. — Dame Romaine, célèbre par son amour pour les pauvres. Il lui était donné de voir son ange gardien sous une forme sensible. Après la mort de son mari, elle fonda une Congrégation d'oblates au Tor' de Specchi. Morte en 1448 ; canonisée par le Pape Paul V.

Saint François d'Assise. — Fondateur des Franciscains. D'une sainteté et d'une mortification extraordinaires, il reçut les stigmates des Cinq Plaies de Notre-Seigneur. Il mourut en 1226, et fut canonisé par Grégoire IX.

Saint François Xavier. — Noble Espagnol, un des premiers compagnons de saint Ignace de Loyola, plus tard apôtre des Indes. Il convertit des milliers d'infidèles et fit d'innombrables miracles, jusqu'à rappeler des morts à la vie. Il mourut en 1555. Son corps est aux Indes, parfaitement intact. Canonisé en 1623.

Saint François de Sales. — Noble Français, Evêque de Genève. Il fonda l'Ordre de la Visitation. Il se distingua spécialement par sa douceur et sa surabondante charité. Mort en 1622, canonisé par le Pape Alexandre VII.

Saint George. — Né en Cappadoce, à la fin du IIIe siècle, de parents chrétiens. Il se fit soldat et souffrit le martyre sous Dioclétien. C'était un des saints les plus populaires de la primitive Eglise; l'Angleterre et beaucoup d'autres lieux l'ont choisi pour patron.

Saint Grégoire. — Noble Romain, el l'un des Papes les plus illustres.

Sainte Hélène. — Née en Angleterre, d'une famille princière de ce pays. Mère de Constantin, premier empereur chrétien de Rome. Dans sa quatre-vingtième année, elle fit le pèlerinage de Jérusalem. Elle y découvrit la Vraie Croix, dont elle rapporta à Rome une portion considérable, ainsi que plusieurs autres reliques. Elle mourut dans la Ville Éternelle en 328.

Saint Ignace d'Antioche. — Disciple de Saint Jean l'Evangéliste. On croit que c'est l'enfant que Notre-Seigneur « fit asseoir au milieu de ses disciples. » (Saint Mathieu, chap. XVIII). C'est le troisième évêque d'Antioche. Parvenu à une extrême vieillesse, il fut appelé à

Rome pour y être mis en pièces par les bêtes féroces. Son martyre eut lieu au Colysée en 110.

Saint Ignace de Loyola. — Noble soldat espagnol. Fondateur de la Compagnie de Jésus, il parvint à une sainteté éminente. Il demanda à Dieu que la persécution fût le lot de sa Compagnie. Mort en 1556, canonisé par Grégoire XV.

Saint Jacques. — Apôtre et frère de saint Jean l'Évangéliste. Martyrisé en 44.

Saint Jacques le Mineur. — Apôtre. « Le fils d'Alphée. »

Saint Jérôme. — Docteur de l'Église. Mort à Bethléen 423.

Saint Jean. — Apôtre et évangéliste. « Le disciple que Jésus aimait. » Il souffrit sous Domitien, ayant été jeté dans une chaudière d'huile bouillante. Par la permission de Dieu, ce supplice ne lui fit aucun mal. Il mourut l'an 100, à un âge très avancé.

Saint Jean de Matha. — Fondateur de l'Ordre des Trinitaires, pour le rachat des captifs. Usé par des travaux héroïques, il mourut en 1213.

Saint Joseph. — Époux de la Très-Sainte Vierge et père nourricier de Notre-Seigneur.

Saint Joseph d'Arimathie. — « L'homme riche » qui obtint de Pilate le corps de Notre-Seigneur, et qui le déposa dans le sépulcre neuf.

Saint Laurent. — Diacre de l'Eglise Romaine. Quand le préfet lui demanda les trésors de l'Église, saint Laurent lui montra la multitude des pauvres, en lui disant : « Voici les trésors de l'Église. » On le fit rôtir à petit feu. Il jouait avec ses souffrances, disant : « Je suis suffisamment rôti de ce côté, tournez-moi de l'autre. » Il souffrit en 258.

Saint Longin. — Le soldat qui perça

de sa lance le côté de Notre-Seigneur. Il se convertit, et fut martyrisé pour la foi, en Cappadoce, l'an 33.

Saint Louis. — Roi de France. Il mena une vie angélique au milieu des splendeurs de la cour. Mort en 1270.

Sainte Lucie. — Jeune fille noble, de Syracuse. Ses persécuteurs cherchèrent à l'outrager, mais quand ils mirent la main sur elle, ils ne purent la faire changer de place. Ils la couvrirent de poix bouillante et y mirent le feu, mais ce supplice n'eut aucun effet sur elle. On lui plongea alors un glaive dans la gorge. Elle souffrit en 298.

Saint Luc. — L'Évangéliste et le compagnon fidèle de saint Paul. « Luc, médecin, qui nous est très cher. » (Col. iv, 14.)

Sainte Marie Magdeleine. — La Sainte qui arrosa les pieds de Notre-Seigneur de ses larmes, et qui se tint aux pieds de la Croix auprès de Jésus mourant.

Sainte Monique. — Mère de saint Augustin, qui, voyant son fils plongé dans le péché et dans l'erreur, priait et pleurait pour lui. Un saint évêque lui dit : « L'enfant de tant de larmes ne peut pas périr. »

Saint Onésime. — Saint Paul l'appelait « mon fils, que j'ai engendré dans mes chaines. » (Epître à Philémon.)

Saint Patrick. — Apôtre de l'Irlande.

Saint Paul de la Croix. — Fondateur de l'Ordre des Passionistes, Mort en 1775, canonisé par Pie IX en 1867.

Saint Pierre. Prince des Apôtres, à qui N.-S. dit cette parole : « Tu es Pierre, et sur cette pierre je bâtirai mon église. » Premier évêque de Rome. Martyrisé en 67.

Saint Philippe. — Un des douze Apôtres. Lapidé en 54.

Saint Philippe de Néri. — On l'appelle l'Apôtre de Rome, parce qu'il a employé sa vie à gagner des âmes à Dieu dans la Ville Eternelle. Il a fondé la Congrégation de l'Oratoire, composée de prêtres qui vivent en communauté et sous une règle, mais sans faire les vœux.

Sainte-Thérèse. — Noble Espagnole qui réforma l'Ordre austère du Carmel. Elle a laissé des écrits pleins d'une sagesse si céleste, qu'on l'honore souvent du titre de docteur de l'Eglise. Morte en 1550. Canonisée en 1622.

TABLE ALPHABÉTIQUE

DES MATIÈRES

Description des sept grandes Basiliques de Rome.

Description des autres principales Églises.

Notice sur les principaux Saints mentionnés dans ce livre.

Renseignements religieux et profanes utiles aux pèlerins.

Quelques villes de l'Italie, célèbres par leurs souvenirs religieux.

www.ingramcontent.com/pod-product-compliance
Lightning Source LLC
LaVergne TN
LVHW020331230826
846091LV00003B/828

9782012836693